Die ungehörten Stimmen der Kinder

collana dell'ascolto che non c'è

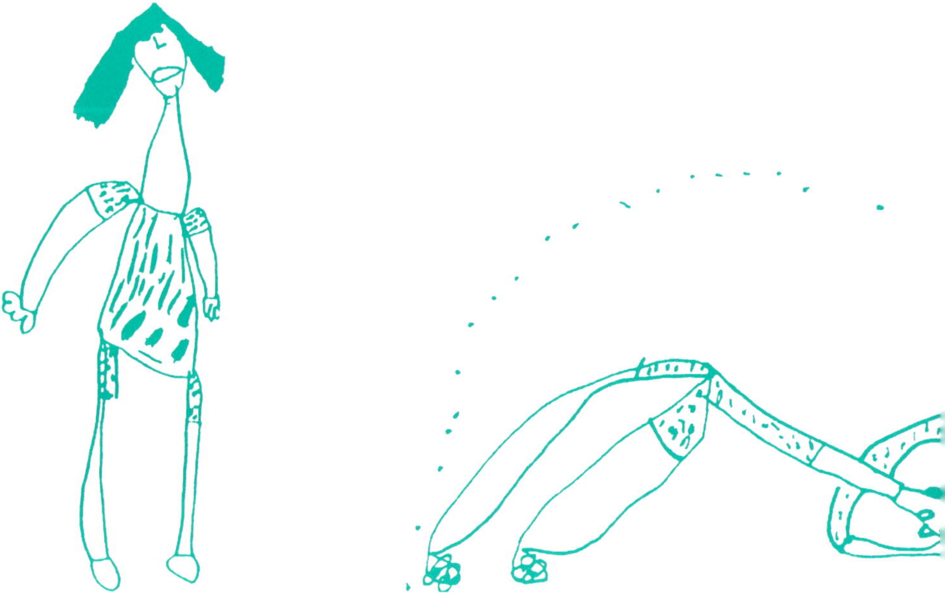

Ein Ausflug in die Rechte von Kindern

In viaggio coi diritti delle bambine e dei bambini

REGGIO CHILDREN

Internationales Zentrum für den Schutz und die
Förderung der Rechte und Fähigkeiten aller Kinder

Centro internazionale per la difesa e lo sviluppo dei diritti e delle potenzialità dei bambini e delle bambine

Die Deutsche Bibliothek – CIP-Einheitsaufnahme

Ein Ausflug in die Rechte von Kindern : aus der Sicht der Kinder ; Mädchen und Jungen zwischen 5 und 6 Jahren aus dem Kindergarten „Diana" ; kommunale Krippen und Kindergärten von Reggio Emilia ≈ In viaggio coi diritti delle bambine e dei bambini / [hrsg. von Reggio Children Srl. Red. Gino Ferri. Übers. Harald Otto Schmid]. – Neuwied ; Kriftel ; Berlin : Luchterhand, 1998
(Die ungehörten Stimmen der Kinder)
Einheitssacht.: In viaggio coi diritti delle bambine e dei bambini
ISBN 3-472-02984-6

Redaktion / *Curatore dell'edizione*
Gino Ferri

Übersetzung / *Traduzione*
Harald Otto Schmid, Cooperative Kunsthaus e.V. Bielefeld

Grafische Gestaltung / *Progetto grafico*
Rolando Baldini - Vania Vecchi

Ein Ausflug in die Rechte von Kindern Herausgegeben von:
In viaggio coi diritti delle bambine e dei bambini edito da:
REGGIO CHILDREN S.r.l.
Via Guido da Castello, 12 - 42100 Reggio Emilia - Italia
Tel. (0522) 455416 - Fax (0522) 455621

Cod. Fisc. e P.IVA 01586410357 - Cap. Soc. £. 400.000.000
Iscrizione Tribunale di Reggio Emilia n° 24403 - Iscrizione CCIAA n° 197516

Kommunale Krippen und Kindergärten von Reggio Emilia
Nidi e Scuole Comunali dell'Infanzia di Reggio Emilia

Ein Ausflug in die Rechte von Kindern

Aus der Sicht der Kinder

Mädchen und Jungen zwischen 5 und 6 Jahren aus dem Kindergarten "Diana"

In viaggio coi diritti delle bambine e dei bambini

Autori i bambini stessi

Bambine e bambini fra i 5 e i 6 anni della scuola "Diana"

Pädagogische Beratung
Consulenza pedagogica
Loris Malaguzzi

Erzieherinnen
Insegnanti
Marina Castagnetti
Laura Rubizzi
Vea Vecchi

Inhalt

Sommario

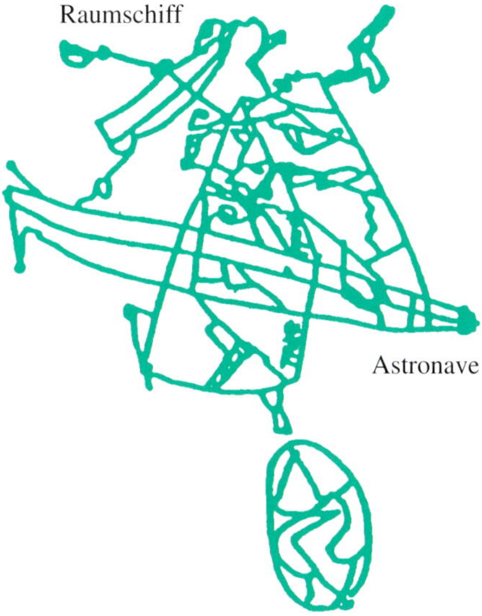
Raumschiff
Astronave

Ein Ausflug in die Rechte von Kindern

Alle in diesem Dokument enthaltenen Gedanken, Gespräche und Interpretationen stammen von Kindern zwischen fünf und sechs Jahren. Die Themen, um die es ihnen dabei geht, haben mit ihren Wünschen, ihren Erwartungen und ihren Fragen vor allem an unsere Welt der Erwachsenen zu tun.
Auch wir Erzieher hatten Wünsche und Erwartungen: Wir wollten sehen, ob wir aus den Äußerungen der Kinder Hinweise ableiten konnten, wonach sie sich selbst als "Träger der Rechte" sehen, die anerkannt werden können. Und zwar deshalb anerkannt, weil diese Rechte als richtig befunden und von allen geteilt werden, vor allem aber, weil sie die Grenzen respektieren, außerhalb derer sie unaktzeptabel, willkürlich und absurd gewesen wären.
Das Ganze war also eine Probe des Vertrauens und der Hoffnung, ein Versuch, mehr von der Reife und der inneren Logik der Kinder zu erfahren: Zum einen wollten wir die schwarzen Löcher unseres Unwissens überprüfen; zum anderen waren wir auf der Suche nach neuen und vor allem überraschenden Hinweisen auf eine Realität der Mädchen und Jungen. Diese Hinweise würden uns gleichzeitig auffordern, diese Realität als Recht der Kinder noch einmal neu zu betrachten.
Wir sprechen deshalb hier von Mädchen und Jungen, weil sie in der Tat unterschiedliche Konzeptionen und Gedanken entwickeln, die sich wahrscheinlich aus unterschiedlichen Rollenerwartungen und -(selbst)darstellungen herleiten.
Im übrigen ermöglicht unser Zusammenleben und das der Eltern mit den Kindern, den Wissensstand von Erwachsenen und Kindern regelmäßig zu ergänzen, auch wenn diese Aussagen mit Vorsicht zu betrachten sind.
Die Antwort der Kinder wird in diesem Dokument dargestellt, das wir den Überlegungen von uns allen anvertrauen. Man könnte sagen, wir hätten uns ehrgeizige Ziele gesetzt. Diesen Verdacht können die

Kinder aus dem Weg räumen. Jedes von ihnen hat mit größtmöglichem Interesse teilgenommen. Es hat versucht, so vielen Erfahrungen wie möglich in Worten und Gedanken Bedeutung zu verleihen. Eine Bedeutung, die manchmal gerade eben berührt und manchmal vollkommen klar erkannt wurde, mit einer Reife und Kompetenz, die unvermutet und außergewöhnlich lebendig im Umgang mit den eigenen Rechten war.
Zum Beispiel gibt es für die Kinder Rechte als Wunsch, als "was kann ich tun?" und "was kann und darf ich nicht tun?", Rechte als Vernunft, als legitimes Besitzdenken und Beziehung eines Menschen zur Welt, der wahrnimmt zwischen Autonomie und Abhängigkeit, der zwischen Freiheit und Beziehung schwankt, der auf keinen Fall jedoch bereit ist zu tolerieren, daß seine kindliche Subjektivität verkannt wird.
Wir werden keine Beispiele bringen. Jeder mag lesen und staunen. Von unserer Seite müssen wir sagen, daß die Kinder uns viele Dinge gelehrt haben, die wir nicht wußten; vor allem jedoch, wie begrenzt die Skala unserer Werkzeuge und Möglichkeiten ist.
Was uns am meisten beeindruckt hat, ist der Sinn für Gerechtigkeit, Gleichheit, soziale Reife, für Urteil, Verantwortlichkeit und Solidarität, der sich in den Gedanken und Konzepten der Kinder unserer Zeit bemerkbar macht wie eine aufgehende Saat.
Auch wenn sie anders sind - verglichen mit dem, was wir wissen, haben die Kinder das Recht, für das, was sie wert sind, besser verstanden und respektiert zu werden.
Ein Problem, eine Fragestellung, die alle Grenzen übersteigt.

Loris Malaguzzi
Marina Castagnetti
Laura Rubizzi
Vea Vecchi

In viaggio coi diritti delle bambine e dei bambini

Tutto quello che c'è in questo documento appartiene a pensieri, a discorsi, a interpretazioni dei bambini fra i cinque e i sei anni, attorno a temi che hanno a che fare con i loro desideri, con le loro attese, con le loro richieste rivolte soprattutto al nostro mondo di adulti.
Anche da parte nostra c'era desiderio e attesa: di vedere se era possibile ricavare, da quello che i bambini dicevano, qualche indizio di autopercezione come soggetti portatori di diritti che potessero essere riconosciuti, perché ritenuti giusti, condivisibili e soprattutto rispettosi di limiti oltre i quali sarebbero stati inaccettabili, arbitrari e improponibili.
Una prova di fiducia, di speranza, di approfondimento conoscitivo delle maturità e delle logiche interne dei bambini: pronta a verificare i buchi neri del nostro ignorare e pronta a raccogliere tutti i segnali, soprattutto quelli nuovi, capaci di sorprenderci e di disegnare una realtà di bambini, maschi e femmine, proponenti intanto e subito un loro diritto ad essere riconsiderati.
Abbiamo detto maschi e femmine perché in effetti risultano portatori di concezioni e di pensieri differenziati, probabilmente derivanti da rappresentazioni e culture di sè e degli altri, sensibilmente disgiunte.
La convivenza nostra e dei genitori, del resto, impone la opportunità di una rilettura periodica del sapere adulto e del sapere bambino anche se in chiave di molta prudenza.
La risposta dei bambini è testimoniata da questo documento che affidiamo alle riflessioni di noi tutti. Qualcuno potrebbe dire che ci siamo posti obiettivi ambiziosi. È un sospetto che i bambini dileguano. Ognuno di loro con identità diverse è stato al gioco come più voleva, come più sentiva, come più riusciva a rastrellare esperienze di parola e pensiero (non sappiamo dove, perché i luoghi dell'apprendere sono oggi più infiniti di ieri) stringendola verso il significato, a volte lambito, intravisto, a volte lucidamente assunto,

con una maturità ed una competenza insospettate e straordinariamente vive dei propri diritti.
Diritti come desiderio, come "posso fare" e " non posso e non debbo fare", come ragione, possessività legittima, rapporto con il mondo di un essere che percepisce e ondeggia tra autonomia, dipendenza, libertà, relazione, tuttavia non disposto a tollerare un misconoscimento delle sue soggettività infantili.
Non porteremo esempi. Ciascuno leggerà e stupirà secondo una propria misura.
Da parte nostra dobbiamo dire che i bambini ci hanno insegnato tante cose che non sapevamo e quanto sia ristretta la cassetta dei nostri attrezzi.
Ciò che più ci ha impressionato è il senso di giustizia, di equità, di maturità sociale, di giudizio, di responsabilità, di solidarietà che si avvertono come germinazione in atto nei pensieri e nei concetti dei bambini del nostro tempo.
Se sono altro rispetto a quello che sappiamo, i bambini hanno il diritto di essere meglio capiti e meglio rispettati per quello che valgono.
Un problema, un interrogativo che oltrepassa ogni frontiera.

Loris Malaguzzi
Marina Castagnetti
Laura Rubizzi
Vea Vecchi

Ein Ausflug in die Rechte von Kindern

Aus der Sicht der Kinder

Mädchen

Bambine

Jungen

Bambini

In viaggio coi diritti delle bambine e dei bambini

Autori i bambini stessi

Beschreibung der Rechte
(aus der Sicht von Mädchen im Alter von 4,11 bis 5,7 Jahren)

Wir haben ein Recht auf Spielen, aber wir müssen nicht; Recht, das heißt, daß man etwas machen kann.

Der Bürgermeister und die Italiener entscheiden über die Rechte.

Die Kinder hören auf die Rechte ihrer Papas; die Kinder hören auf die Rechte der Kinder; die Papas müssen auf die Rechte der Kinder hören.

Definizione del diritto
(vista dalle bambine anni: dai 4,11 ai 5,7)

Noi abbiamo il diritto di giocare ma non siamo obbligati; diritto vuol dire che si può fare una cosa.

Li decidono il Sindaco e gli italiani.

I bambini ascoltano i diritti dei papà; i bambini ascoltano i diritti dei bambini; i papà devono ascoltare i diritti dei bambini.

Beschreibung der Rechte
(aus der Sicht von Jungen im Alter von 4,11 bis 5,10 Jahren)

Die Pflichten sind die Sachen, die man machen muß, und die Rechte sind die, die man haben muß.

Das Recht ist so etwas wie ein Gesetz.

Das Recht etwas zu machen.

Das Recht muß man haben, sonst fühlt man sich schlecht.

Definizione del diritto
(vista dai bambini anni: dai 4,11 ai 5,10)

I doveri sono le cose che bisogna fare e i diritti sono le cose che bisogna avere.

Il diritto vuole dire come un po' di legge.

Il diritto di farlo.

Il diritto bisogna averlo se no uno ci sta male.

Freundschaft

Kinder haben das Recht Freunde zu haben, weil zusammen spielen schön ist. Alleine kann man nur wenige Spiele machen. Wenn einer allein ist, dann ist er nur einer.

Man kann nur jemanden zur Freundin haben, der auch deine Freundin sein will. Wie sollte das sonst gehen?

Die besten Freunde

Amicizia

I bambini hanno il diritto di avere degli amici, perché è bello giocare, da soli si possono fare solo pochi giochi; quando uno è da solo è uno.

Si può scegliere solo un'amica che vuole essere tua amica, se no come si può?

Freundschaft

Kinder haben das Recht Freunde zu haben, sonst wachsen sie nicht so gut.

Wenn ich einen Freund habe, der mich ärgert, dann habe ich das Recht ihn zu wechseln.

Es ist besser, ein großes Haus zu haben, weil dann viele Freunde hineinpassen, und wenn Papa und Mama immer mehr zu tun haben, können wir zusammen Spaß haben.

Amici come pochi

Amicizia

I bambini hanno il diritto di avere degli amici se no non crescono tanto bene.

Se io ho un amico che mi fa arrabbiare io ho il diritto di cambiare.

È meglio avere una casa più alta, così ci stanno tanti amici e quando il papà e la mamma sono sempre più occupati, possiamo stare in compagnia e divertirci.

Liebe

Ein Kind hat das Recht, eine Mama und einen Papa zu haben.
Ohne Liebe kann ein Mädchen groß werden, aber vielleicht wenn sie groß ist, dann wird sie keinen Mann haben und viele Dinge nicht machen können.

Amore delizioso

Wunderbare Liebe

Amore

Un bambino ha il diritto di avere una mamma e un papà.
Senza amore una bambina cresce, ma forse da grande non avrà un marito e non potrà fare tante cose.

Liebe

Sich zu lieben, schon wenn man klein ist, ist ein sehr wichtiges Recht. Wen würden sie sonst als Große heiraten?
Wenn man als Kind schon verliebt ist, dann versteht man diese Sachen besser.

Verliebtsein

Amore

Amarsi già da piccoli è un diritto molto grave, se no da grandi chi sposano? Se hanno già un amore da piccoli poi lo capiscono meglio.

Wissen

Die Kinder müssen wissen. Es ist besser, die Sachen zu wissen, als daß die Sachen passieren, die man nicht versteht, zum Beispiel, der Krieg und der Tod.

Wenn Kinder die Sachen wissen, dann haben sie keine Angst mehr davor. Dann wissen sie auch über die gefährlichen Sachen Bescheid.

Un bambino che difende la sua casa

Ein Kind, daß sein Haus verteidigt

Conoscere

I bambini devono sapere; è meglio sapere le cose invece che succedono le cose senza sapere, ad esempio della guerra, della morte.

Se i bambini conoscono le cose non hanno più paura, sanno anche le cose pericolose.

Wissen

Es ist wichtig, die wichtigen Sachen zu lernen.

Kinder müssen lernen, damit sie machen können, was ihnen gefällt.

Kinder haben das Recht alles zu wissen, außer den Geheimnissen von anderen.

Der Golfkrieg

La guerra del golfo

Conoscere

È importante imparare delle cose importanti.

I bambini devono studiare così possono fare quello che gli piace.

I bambini hanno il diritto di sapere tutto quanto solo che non devono sapere i segreti degli altri.

Verschiedene Kulturen

Ich kenne nicht die Rechte von allen. Ich kann sie nicht verstehen. Wenn ein Kind nicht herumgeht, dann weiß es nichts.

Die Rechte sind für alle gültig, sonst sind die Kinder arm und traurig und sind auch nicht zufrieden.

Wir Italiener sprechen von unseren Rechten. Sie (andere Völker) sprechen vielleicht von anderen Rechten.

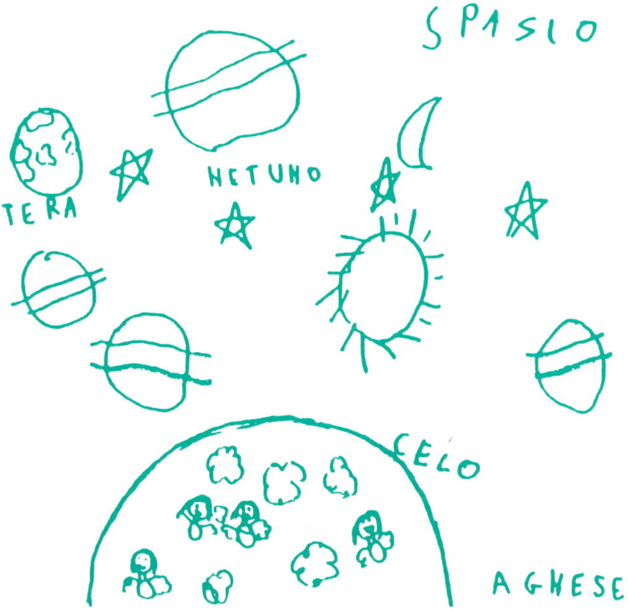

Culture diverse

Io non li so i diritti di tutti, io non lo so capire, se un bambino non va in giro non sa niente.

I diritti sono validi per tutti, se no i bambini sono poveri e tristi, e non sono neanche contenti.

Noi italiani parliamo dei nostri diritti, loro (altre razze) parlano forse in un diritto diverso.

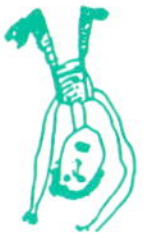

Verschiedene Kulturen

Die Haut ist verschieden, aber die Gedanken nicht. Wenn ich ihm alle meine Gedanken sage, dann versteht er davon einige, und ich verstehe seine.

Die Schwarzen entscheiden die Sachen anders als die Weißen. Die Schwarzen können nicht entscheiden, die Sachen zu sagen.

Es macht nichts, wenn einer schwarz ist. Für uns ist er schwarz, und für ihn sind wir weiß.

Culture diverse

La pelle è diversa ma i pensieri no, se io gli dico tutti i miei pensieri allora certi li capisce anche lui e io capisco i suoi.

I neri decidono delle cose diverse dai bianchi, i neri non possono decidere di dire delle cose.

Se uno è nero non cambia niente, per noi è negro e per lui noi siamo bianchi.

Entscheidungen treffen

Ich habe das Recht, meine Sachen allein zu entscheiden, aber nur manchmal, weil meine Mutter mich unterbricht.

Wenn du viele Sachen weißt, kannst du über mehr Sachen entscheiden. Wenn ich nicht weiß, daß Jesus da war, kann ich nicht sagen, daß er da war.

Um uns zu entscheiden, zählen wir aus

Per decidere si fa la conta

Decidere

Le mie cose io ho il diritto di deciderle da sola; ma solo alcune volte perché la mamma mi interrompe.

Se si sanno più cose si possono decidere più cose se io non so che c'era Gesù, io non posso decidere che c'era Gesù.

Entscheidungen treffen

Es ist ein Recht des Kindes, zu entscheiden.

Ich sage zu meiner Mama und meinem Papa: "Eure Sachen gehören euch, meine Sachen gehören mir, und ich kann damit machen, was ich will."

Cervello che pensa e decide

Gehirn, das entscheidet und denkt

Decidere

È un diritto suo di decidere, del bambino.

Io dico alla mamma e al papà: le vostre cose sono di vostra proprietà, le mie cose sono di mia proprietà e posso farle come voglio.

Die Hierarchie der Rechte

Der Papa wurde zuerst geboren; er hat mehr Rechte, weil er mehr weiß. Er kennt die Rechte.

Für mich hat aber das zuletzt Geborene mehr Rechte, weil das Kind noch ganz klein ist, aber verstehen muß, was es nicht machen darf.

Ein Chef, der zu viele Rechte hat, ist nicht gut.

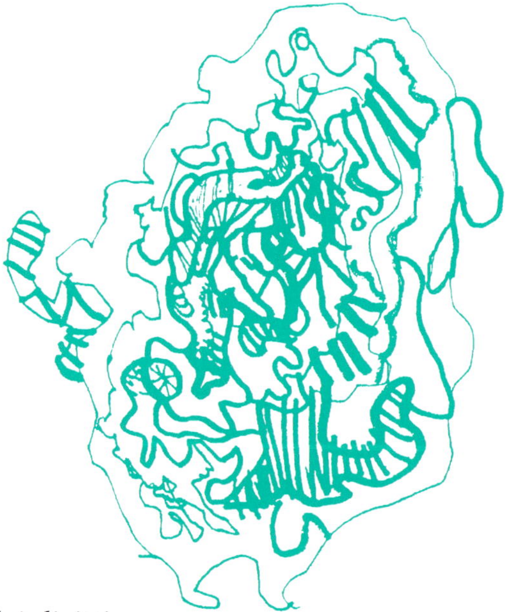

Gerarchia dei diritti

Il papà è nato prima e ha più diritti perché sa più cose, sa i diritti.

Per me invece ha più diritti quello che è nato per ultimo, perché il bambino è piccolo piccolo; però bisogna che lui capisce quello che non deve fare.

Un capo che ha più diritti non ci vuole.

Die Hierarchie der Rechte

Der Papa ist der Chef der Familie. Er hat viele Rechte. Die Mama ist der Vizechef, aber das Kind ist der absolute Oberchef, bescheiden gesagt.
Jetzt bin ich kein Chef, aber ich werde es werden, wenn ich groß bin, weil der Chef am gerechtesten ist. Er weiß am meisten.

Gerarchia dei diritti

Il papà è il capo famiglia, ha più diritti, la mamma è il vice capo, invece il bambino è il capo assoluto, modestamente.

Adesso non sono capo, ma dopo lo diventerò da grande perché il capo è il più giusto, è quello che sa di più.

Spielen

Es ist richtig, daß Kinder glücklich sind und daß die Eltern sie spielen lassen, weil, wenn Kinder keinen Spaß haben, werden sie traurig.

Giocare

E' giusto che siano felici i bambini e che i genitori li facciano giocare, perché se non li fanno divertire i bambini si intristiscono.

Spielen

Es ist richtig, daß Kinder viel Spielzeug haben, weil es ihnen gefällt. Aber es ist auch richtig, daß sie nicht zuviel haben, sonst bleiben die Mamas ohne Geld, um Suppe zu kaufen.

Weil die Arbeit müde macht, kann man spielen gehen, wenn man müde ist.

Giocare

E' giusto che i bambini abbiano molti giochi, perché a loro ci piacciono, è giusto però che non ne abbiano tantissimi, se no le mamme rimangono senza soldi per comprare la minestra.

Siccome lavorare stanca, quando uno è stanco può andare a giocare.

Intelligenz

Wenn die Erwachsenen nicht intelligent sind, dann denken sie nicht und beschützen die Kinder nicht.

Intelligenza

Se gli adulti non sono intelligenti non pensano e non proteggono i bambini.

Intelligenz

Wenn jemand intelligent ist und viel weiß, dann bringt er seinem Kind alles bei, so, daß das Kind groß und erwachsen wird. Und wenn es ein Kind hat, bringt es ihm wieder alles bei usw.

Intelligenza

Se una persona è intelligente e sa tante cose le insegna al bambino così il bambino diventa grande, adulto, e se ha un bambino glielo insegna a lui e dopo va avanti...

Freiheit

Alle brauchen die Freiheit.

Freiheit heißt, daß wir über alles sprechen können.

Discussioni importanti, intricate, difficili, zig-zag

Wichtige, komplizierte, schwierige Zick-Zack Diskussion

Libertà

Tutti hanno bisogno della libertà.

Libertà vuol dire che discutiamo.

Freiheit

Freiheit ist das Recht, Sachen zu wissen.

Nur manchmal kann man frei sein und tun, was man will.

Wenn man frei ist, gibt es nichts Schönes. Du kannst frische Luft haben, aber es gibt nichts zu essen.

Wissen oder nicht wissen, das ist ein großer Unterschied

Sapere, non sapere, c'è una bella differenza

Libertà

La libertà è il diritto di sapere delle cose.

Solo certe volte si può essere liberi di fare quello che si vuole.

Se si è liberi non c'è niente di bello, puoi avere della aria fresca ma non c'è niente da mangiare.

Streiten

Zwei Freunde haben das Recht zu streiten. Es ist gut zu wissen, wenn man einen Fehler gemacht hat. Man kann diskutieren, aber man kann auch streiten: Es ist Sich mit der stimme Schlagen.

Arrabbiatura di amicizie

Litigio

Due amici hanno il diritto di litigare. Serve a sapere se si sbaglia, si può discutere ma anche litigare: è dare le botte con la voce.

Streiten

Wenn ein Kind diskutiert, dann müssen die anderen ihm zuhören. Das ist ein Recht, sonst ist das Kind beleidigt.

Wenn es Dinge gibt, die einen betreffen, dann muß man darüber reden.

Ärger zwischen Freunden

Litigio

Quando un bambino discute gli altri lo devono ascoltare, è un diritto se no il bambino si offende.

Quando ci sono delle cose che riguardano bisogna discutere.

Essen

Wir haben das Recht, die Sachen zu essen, die uns gut tun.

Manchmal Pommes und Schokolade.

Es ist richtig, einen Hamburger zu essen und viel zu trinken.

Insalata

Salat

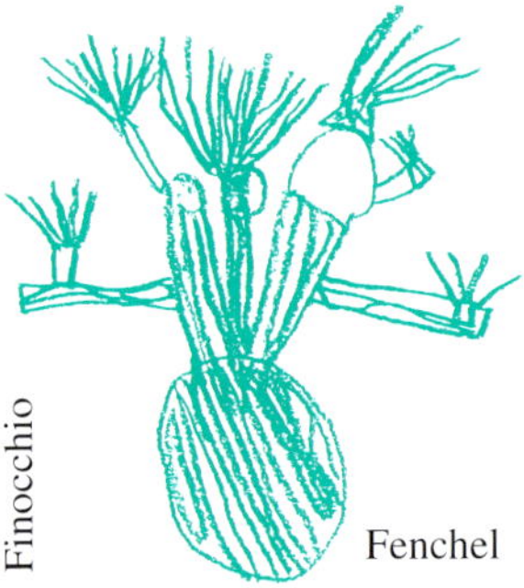

Finocchio

Fenchel

Gelato

Eis

Torta

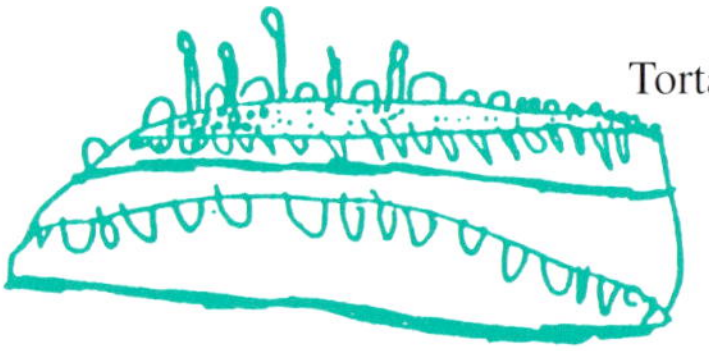

Torte

Mangiare

Abbiamo diritto di mangiare le cose che fanno bene.

Solo alcune volte le patatine e un cioccolatino.

È giusto mangiare un hamburger e bere molto.

Essen

Essen ist wichtig, damit man groß und stark wird.

Wenn jemand etwas nicht mag, dann darf er es liegen lassen.

A mangiare si diventa forti e vengono più muscoli

Essen macht stark und läßt die Muskeln wachsen

Mangiare

È importante mangiare perché si diventa grandi e si diventa forti.

Se uno non gli piace mangiare qualcosa può lasciarlo lì.

Jungen und Mädchen

Die Rechte der Jungen sind, mit den Mädchen zu spielen und die der Mädchen, mit den Jungen zu spielen.

Wenn man spielt, haben Jungen und Mädchen die gleichen Rechte.

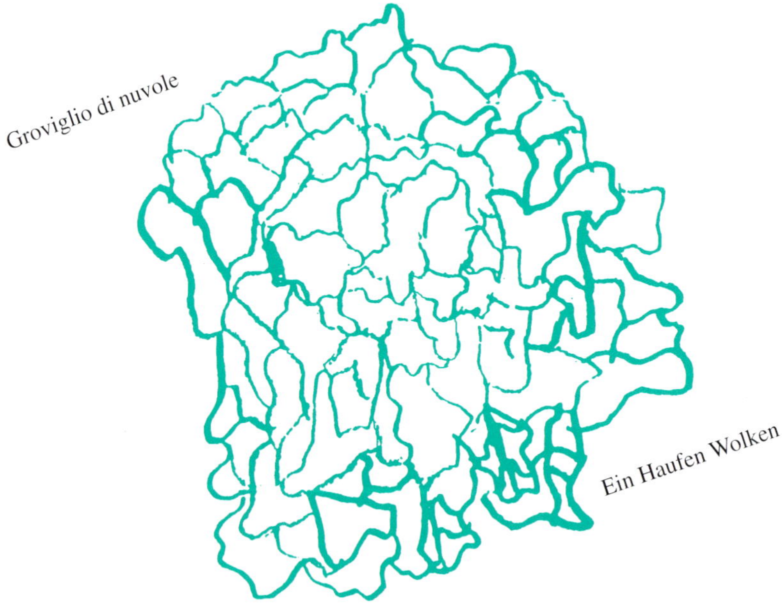

Maschi e femmine

I diritti dei maschi sono di giocare con le femmine e delle femmine di giocare coi maschi.

Quando si gioca i diritti dei maschi e delle femmine sono gli stessi.

Jungen und Mädchen

Die Jungen sind stärker und können schwerere Sachen machen.

Jungen und Mädchen denken verschieden, und deswegen haben sie nicht die gleichen Rechte.

Uccello meccanico

Mechanischer Vogel

Maschi e femmine

I maschi sono più forti e possono fare delle cose più pesanti.

I maschi e le femmine la pensano diverso e perciò non hanno i diritti uguali.

Großeltern

Wenn sie nicht krank sind, haben sie das Recht, Motorrad und Auto zu fahren, zu reiten oder spazieren zu gehen.
Sie haben das Recht, anzuhalten, wenn sie müde sind.
Sie haben das Recht, ein bißchen dumm zu sein.
Sie haben das Recht, zu essen, zu trinken und einen Garten zu haben.
Sie haben das Recht, Pillen zu essen, wenn es der Doktor ihnen sagt.
Sie haben das Recht, Geschenke zu bekommen.

Nonno coraggioso

Mutiger Opa

Nonni

Se non sono ammalati hanno il diritto di andare a cavallo, in moto e in macchina o a fare una passeggiata.
Hanno il diritto di fermarsi se sono stanchi.
Hanno il diritto di essere un po' sciocchini.
Hanno il diritto di mangiare, di bere, di avere un giardino.
Hanno il diritto di mangiare le pastiglie se lo dice il dottore.
Hanno il diritto di avere dei regali.

Großeltern

Sie sind sehr wichtig, weil sie im Krieg waren und die Kinder beschützt haben.

Ein Opa muß ein Haus haben, in dem er die Nacht verbringt, essen kann, ins Krankenhaus gehen kann.

Es ist kein Recht, von meiner Oma Spielzeug zu verlangen, wenn sie nur einmal im Jahr ihre Rente bekommt.

Nonno irresistibile a qualsiasi malattia

Opa, der jeder Krankheit widersteht

Nonni

Sono molto importanti perché hanno fatto la guerra e hanno difeso i bambini.

Un nonno deve avere una casa dove passarci la notte, può mangiare, andare all'ospedale.

Non è un diritto pretendere un gioco da mia nonna che prende una volta all'anno la pensione.

Frieden

In Frieden leben heißt, daß es einem gut geht, daß wir zusammen leben, tolle Sachen erleben, Freunde haben, träumen.

Ballare nel sole

In der Sonne tanzen

Pace

Vivere in pace vuole dire stare bene, vivere insieme, vivere delle cose che interessano, avere degli amici, sognare.

Frieden

Gut und in Frieden leben, ist ein Recht.

Viele Leute zu töten, ist kein Recht.

Kinder haben das Recht, ruhig zu leben.

Segni della pace

Friedenszeichen

Pace

Vivere bene e stare in pace è un diritto.

Uccidere un sacco di gente non è un diritto.

I bambini hanno il diritto a vivere tranquilli.

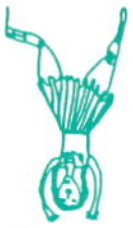

Spazieren gehen

Wenn wir einkaufen gehen, werden wir immer müde, wenn Mama und Papa immer mit den Leuten reden.

Passeggiare

Quando andiamo a fare la spesa, ci stanchiamo di aspettare quando il papà o la mamma parla con la gente.

Spazieren gehen

Laßt uns nicht spazieren gehen, um Schaufenster anzuschauen.

Passeggiare

Non fateci fare dei giri per andare a vedere le vetrine.

Denken

Denken ist richtig.

Aber nicht alle gleich. Wenn jemand immer wie du denkt, dann wird er bald eine Nervensäge.

Kinder haben das Recht, ihre Gedanken zu denken, weil sie darüber nachdenken müssen, was sie machen wollen.

Alle stellen sich vor, daß sie nicht denken können. Ich sagte meiner Mutter auch, daß ich nicht denken kann. Aber das stimmt nicht. In Wirklichkeit können alle denken. Gedanken werden gesagt und ändern sich.

Pensare

È giusto pensare.

Micca tutti uguali, se uno pensa sempre come te diventa un rompiscatole.

I bambini hanno diritto di pensare ai suoi pensieri perché sono loro che devono pensare cosa vogliono fare.

Tutti s'immaginano che non sanno pensare, anch'io dicevo alla mamma che non sapevo pensare, non era vero, in verità sanno pensare tutti. I pensieri si dicono e si cambiano.

Denken

Kinder müssen in einer anderen Art denken, sonst werden sie als Große dumm, und machen nicht die Sachen der Gesetze.

Das Gesetz verbietet nicht zu denken. Kinder können denken wie sie wollen, müssen aber immer gehorchen.

Belle meditazioni

Schöne Meditationen

Pensare

I bambini devono pensare in modo diverso se no da grandi diventano sciocchi e non fanno le cose di legge.

La legge non è proibita di pensare, i bambini possono pensare per modo loro ma devono sempre ubbidire.

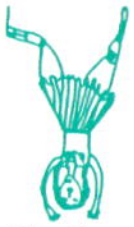

Schutz

Kinder haben das Recht, ein Zuhause, eine Mama und einen Papa zu haben. Wenn sie das nicht haben, dann ist das keine Freiheit, weil sie nicht allein bleiben können.

Kinder haben das Recht, beschützt zu werden: Wenn sie ganz klein sind, beschützt die Mutter sie. Sie gibt ihnen Blut und Luft.

Die stärksten Leute müssen Kinder beschützen.

Kinder haben das Recht, beschützt zu werden, zum Beispiel vor Krieg, vor dem Bösen, vor schlechter Luft, vor Blitzen, vor Krankheiten, vor Mamas, die nicht gut sind.

Es ist nicht schön, sich allein zu beschützen.

Protezione dolce

Süßer Schutz

Protezione

I bambini hanno il diritto di avere una casa, una mamma, un papà; se non li hanno non è libertà, perché non possono stare da soli.

I bambini hanno il diritto di essere protetti: quando sono piccoli piccoli, la mamma li protegge; la mamma gli da il sangue e l'aria.

Le persone più forti devono proteggere i bambini.

I bambini hanno diritto di essere protetti per esempio dalla guerra, dal male, dall'aria quando è cattiva, dai fulmini, dalle malattie, dalle mamme che non sono buone.

Non è bello proteggerci da soli.

Schutz

Mama und Papa beschützen mich vor schlechten Leuten.

Nur Freunde können schützen.

Auch wenn wir sie nicht kennen, hilft uns die Polizei trotzdem.

Kinder haben das Recht, vor Gefahren geschützt zu werden.
Gefahren sind: Brände, vergiftetes Wasser, unbekannte Leute, Drogensüchtige.

Pericoli sgradevoli

Schlimme Gefahren

Protezione

La mamma e il papà mi difendono dalla gente cattiva.

Solo gli amici possono proteggere.

Anche la polizia se non la conosciamo ci aiuta lo stesso.

I bambini hanno il diritto di essere protetti dai pericoli: sono gli incendi, l'acqua avvelenata, gli sconosciuti, i drogati.

Sich irren

Wenn ein Kind etwas nicht weiß, hat es das Recht, sich zu irren. Das ist gut, weil es danach die Fehler, die es gemacht hat, sehen kann. Danach kennt es die Fehler. Deshalb sind Beispiele so wichtig.

Ein Kind hat das Recht, keine schwierigen Sachen zu machen.

Wenn die Kinder etwas viele Male probiert haben, verstehen sie es auch von alleine.

Forbici-ballerina

Scherentänzerin

Forbici-topo

Scherenmaus

Sbagliare

Se un bambino non sa, ha il diritto di sbagliare; però serve, così dopo non vede i problemi e gli sbagli che ha fatto e dopo uno lo sa, allora servono gli esempi.

Un bambino ha il diritto di non fare delle cose difficili.

Quando hanno provato tante volte i bambini capiscono anche da soli.

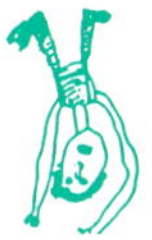

Sich irren

Sich irren ist gut, weil man danach weiß, daß man diese Sache nicht macht, und dann versteht man sie.

Manchmal irre ich mich, aber das hilft nicht viel. Du kannst dich irren, wenn du drei bist, aber danach nicht mehr.

Man lernt viel durch Fehler: Wenn man beim Zeichnen einen Fehler macht und eine andere Form zeichnet, die nützlich sein kann, ist das kein Fehler. Man hat etwas erfunden, an das man vorher nicht gedacht hat.

Forbici-personaggio

Scherencharakter

Forbici-coccodrillo

Scherenkrokodil

Sbagliare

Se uno sbaglia è bello perché dopo lui sa che quella cosa lì non va fatta e allora ne capisce.

Certe volte io sbaglio ma serve a poco.
Puoi sbagliare a tre anni ma poi più.

Si imparano tante cose a sbagliare: se uno in un disegno sbaglia una cosa e fa un'altra forma che può essere utile, quella non è sbagliata, ha inventato una cosa che prima non aveva pensato.

Sauberkeit

Wenn wir am Morgen kein kaltes Wasser im Gesicht fühlen wollen, dann müssen wir uns manchmal nicht waschen.

Pulizia

Se al mattino non ci va di sentire il fresco sulla faccia dell'acqua, qualche volta possiamo non lavarci.

Sauberkeit

Man muß nicht jeden Abend die Zähne putzen, bevor man ins Bett geht.

Pulizia

Non tutte le sere deve essere obbligatorio lavarsi i denti prima di andare a letto.

Scherzen

Kinder haben das Recht, Witze zu machen, aber man kann es nicht immer machen.

Un signore che ha paura di una formica

Ein Mann, der vor einer Ameise Angst hat

Scherzare

I bambini hanno il diritto di scherzare, ma non tutte le volte si può fare.

Scherzen

Man kann nur einmal einen Witz machen, sonst werden die Erwachsenen ärgerlich.

Una balena con il cappello e il vestito

Ein Wal mit Hut und Kleid

Scherzare

Si può scherzare solo una volta, dopo i grandi si arrabbiano.

Fußballspieler

Notiz der Lehrerinnen

Methode der Untersuchung

Wir denken, es kann die Leser interessieren, wie wir konkret zur Sammlung und Abfassung der Rechte gekommen sind. In der Publikation sind die Rechte in alphabetischer Reihenfolge wiedergegeben, da es für die Kinder schwierig war, eine Ordnung der Priorität nach zu finden.
Alle Argumente, die Stimmen, die dieses symbolische Statut der Rechte begründen, wurden von den Jungen und Mädchen in einigen aufeinanderfolgenden Zusammenkünften entdeckt.
1. Zunächst wurden Gespräche mit allen Mädchen und Jungen einer Gruppe (25) auf Band aufgenommen. Die Gruppe war dabei in geschlechtsspezifische Kleingruppen von je drei Kindern aufgeteilt. Die Gespräche konzentrierten sich auf das Konzept und auf die Definition der Rechte.
2. Dann fanden Diskussionen über das aufgenommene Material der ersten Gespräche statt. Dazu wurden zwei großen Gruppen von Mädchen und Jungen zum weiteren Austausch und zur Vertiefung angeboten.
Die in der Charta niedergeschriebenen Gespräche sind Teil des umfangreichen Gesamtmaterials und entsprechen präzise den aufgenommenen sprachlichen Formulierungen.

Auch die Erwachsenen haben eine Charta der Rechte für Kinder ausgearbeitet, angeregt von ähnlichen Gefühlen wie denen, die uns dazu geführt haben, diese Sammlung zu realisieren.
Die Mütter und Väter haben sich als eine Art UNO-Vertreter dieser schwierigen Aufgabe gestellt. Parallel zu dem der Kinder haben sie ein Dokument geschaffen, das wir jedoch trotz seines Wertes und trotz vieler Zweifel nicht veröffentlichen, um die Kinder autonom für sich sprechen zu lassen.
Die Rechte, wie sie die Kinder sehen, und die Rechte aus Sicht der Eltern sind nacheinander allen Eltern der Einrichtung vorgestellt und mit ihnen diskutiert worden.
Man hat die Präsentation also dazu zu nutzen versucht, die Generationen zusammenzubringen, um weitere Möglichkeiten zu Gedanken und Reflexionen zu geben.

Robot innamorati

Verliebte Roboter

Nota delle insegnanti

Metodo di indagine

Pensiamo possa interessare conoscere come si è arrivati concretamente alla raccolta e stesura dei d*iritti*, riportati nella pubblicazione in ordine alfabetico in quanto difficile, per i bambini, stabilire ordini di priorità.
Tutti gli argomenti, le *voci* che costituiscono questa simbolica Carta dei diritti, sono stati individuati dalle bambine e dai bambini in alcuni incontri successivi:
1 - conversazioni (registrate) incentrate sul concetto di diritto e sulla definizione dei diversi diritti, con tutte le bambine e i bambini (25) della sezione, suddivisi in gruppi di tre, maschi e femmine separatamente;
2 - discussione attorno al materiale registrato nei primi colloqui, proposto a due grandi gruppi di maschi e di femmine per ulteriori scambi ed approfondimenti.
I diritti presenti nella Carta sono tratti dal vasto materiale complessivamente raccolto, e corrispondono fedelmente alle formulazioni linguistiche registrate.

Anche i genitori hanno elaborato una loro Carta dei diritti dei bambini, animati da sentimenti simili a quelli che ci avevano spinte a realizzare questa raccolta.
Parallelamente alla stesura da parte dei bambini è stata perciò realizzata quella delle madri e dei padri, che, sostituendosi all'O.N.U. e sfidando una prova temibile, hanno prodotto un documento di prezioso valore che qui, dopo molti dubbi, non abbiamo riportato per lasciare voce autonoma ai bambini.
Successivamente i diritti visti dalla parte dei bambini e i diritti visti dalla parte dei genitori sono stati accostati e discussi da tutti i genitori della scuola. Si è privilegiato quindi *l'accostamento* come atto che unisce generazioni diverse e allunga i motivi dei pensieri e delle riflessioni.

Engel, der den Himmel verteidigt

Singender Engel

Die Erklärung der drei Rechte

Die Rechte der Kinder

Kinder haben das Recht, überall als eigenständige Subjekte individueller, juristischer, bürgerlicher und sozialer Rechte anerkannt zu werden. Sie sind Träger und Schöpfer eigener Kulturen. Und damit sind sie aktiv daran beteiligt, ihre Identität, Autonomie und Kompetenz auszubilden, insbesondere in den Beziehungen zu Gleichaltrigen, Erwachsenen, zu Ideen, Gegenständen, realen Erlebnissen und fiktiven Ereignissen in den Lebensbereichen und Welten, in denen Kinder kommunizieren.
Dies alles setzt eine höhere Qualität des Menschenrechts auf Individualität und auf zwischenmenschliche Beziehungen voraus. Ausgangspunkt ist, daß Kinder - und damit auch jedes einzelne Kind - über natürliche Gaben und Potentiale von ungeheurer Vielfalt und Vitalität verfügen. Werden diese natürlichen Voraussetzungen der Kinder nicht erkannt, nicht geachtet und nicht genutzt , dann werden Leiden der Kinder und eine oft nicht mehr rückgängig zu machende Verarmung ihrer Entwicklung provoziert.
Von daher kommt das Recht der Kinder, ihre individuellen Fähigkeiten zu verwirklichen und zu erweitern, soziale Kompetenzen weiterzuentwickeln, von anderen Affektivität und Vertrauen zu empfangen, Freude am Lernen zu empfinden und die eigenen Lernbedürfnisse zu befriedigen. Dies kann um so eher gelingen, als sich Kinder einer stabilen Beziehung zu Erwachsenen sicher sein können, die bereit sind, ihnen zu helfen und ihnen einen Vorschuß an Vertrauen und Erfahrung zu geben. Dies ist für die Entwicklung der Kinder wertvoller als die Vermittlung von Wissen und Fertigkeiten. Ähnlich wichtig für sie ist die Möglichkeit, sich selber auf die Suche nach kreativen Problemlösungsstrategien, nach fachlich nicht gebundenem Wissen und nach einer Individualität zu begeben, in der Reflexivität und Sensibilität einen ähnlichen Stellenwert haben. Voraussetzung hierfür ist ein nicht unterbrochener Prozeß der

Ausdifferenzierung von Denk- und Handlungsfähigkeiten. Dieser Prozeß trägt auch dazu bei, daß Kinder Verständnis und Aufnahmebereitschaft gegenüber dem spezifisch anderen und gegenüber fremden Kulturen entwickeln.
Kinderrechte sollten immer auch die Rechte der Anderen Kinder sein. Sie enthalten damit eine grundsätzliche Wertedimension, nämlich die eines weiterentwickelten Humanitätsbegriffs.

Die Rechte der Pädagoginnen und Pädagogen

Erzieherinnen, Lehrerinnen und andere Beschäftigte einer pädagogischen Einrichtung haben das Recht, sich an der Ausarbeitung und Differenzierung des konzeptionellen Rahmens für pädagogische Ziele, Inhalte und Handlungspraktiken zu beteiligen. Dies schließt die offene Auseinandersetzung mit den Mitgliedern der pädagogischen Leitung und der Mitwirkungsgremien ein. Das Prinzip des Einklangs mit den Rechten der Kinder und Eltern ist dabei jedoch zu beachten. Dies gilt für die Beteiligung an der Auswahl der didaktischen Konzepte, der Methoden und der Untersuchungs- und Beobachtungsvorhaben. Weiterhin gilt dies für die Wahl der Erfahrungsschwerpunkte, der gemeinsam oder allein durchgeführten Fort- und Weiterbildung, der Initiativen im Kulturbereich, der Aufgaben innerhalb der kollegialen Leitung und schließlich der Probleme mit der Arbeitsorganisation und Raumnutzung.
Dieses kooperative und vielfältige Netz vertraut auf die Ideen und Kompetenzen von allen, die in der Einrichtung arbeiten und leben. Es ist der Vorschlag für ein Modell praxisbezogener Interaktion, der sozialen Kultur und des sozialen Lebens.
Dieses Modell ist offen für Aktualisierungen und Experimente. Es will nicht nur die Rollen der öffentlichen pädagogischen Einrichtungen und der Familie neu beleben, sondern auch die sozialen Formen des Gewinnens und Veränderns von Wissen erneuern und verstärken. Wissen muß für die Kinder etwas Lebendiges und Stimulierendes sein; es muß mit den Bedürfnissen

und Sehnsüchten ihrer eigenen Welt und mit ihrem Wunsch nach Erkenntnisannäherung aufs engste in Beziehung stehen.
Die Pädagoginnen - und hier ist jede einzelne Pädagogin, jeder einzelne Pädagoge gemeint - betrachten dies als den Ausgangspunkt, um den Dialog, die Auseinandersetzung mit pädagogischen Ideen und Erfahrungen anzuregen und um die Handlungsinstrumente pädagogischen Bewertens und Urteilens zu erweitern.

Die Rechte der Eltern

Die Eltern haben das Recht, in freier Zustimmung zu den Grundsätzen der Verfassung, sich aktiv an den Erfahrungen des Wachsens, des Sorgens und der Bildung der eigenen Kinder zu beteiligen, die sie einer öffentlichen Einrichtung anvertrauen.
Das heißt, es gibt keine Verlagerung der Verantwortung und keine Entfremdung. Bestätigt wird vielmehr die Präsenz, die Rolle der Eltern, die durch eine lange Tradition der Institution Familie bekräftigt wird.
Auf der einen Seite sind die Eltern eine starke, beharrliche Herausforderung für jede pädagogische Einrichtung. Diese ist sich in der Regel bewußt, welchen Gewinn sie aus einer guten Zusammenarbeit mit den Eltern ziehen kann. Dieser Gewinn liegt in dem Zuwachs an Geborgenheit und Wohlbefinden der Kinder und in der Entwicklung eines kommunikativen Netzes, das zu einem besseren gegenseitigen Kennenlernen und zu einer gemeinsamen Suche nach den Formen, Inhalten und Werten einer möglichst erfolgreichen Erziehung beitragen kann.
Die Eltern, die sich durch Beruf, Persönlichkeit, Lebensstil und oft auch durch ihre kulturelle Herkunft unterscheiden, haben, vor allem wenn sie noch jung sind, ein großes Bedürfnis, ihre Probleme mitzuteilen, zu diskutieren und zu reflektieren. Dazu zählen Probleme mit der zu knapp bemessenen Freizeit, mit den gestiegenen Lebenshaltungskosten, mit beruflicher oder privater Überforderung, mit der Angst vor dem Alleinsein und mit einer unsicheren Zukunft.

Vor allem wollen Eltern sich austauschen über die Entwicklung und Erziehung ihrer Kinder.
Wenn die pädagogische Einrichtung und die Eltern sich auf eine kooperative Interaktionskultur verständigen, dann werden beide Seiten verstehen, wie feindselig und abwegig eine Pädagogik der Abschottung, Selbstgenügsamkeit und der Vorschriften ist und wie positiv und produktiv dagegen eine Pädagogik der Partizipation und des eigenständigen Suchens.
Sich für eine kooperative Interaktionskultur zu entscheiden, ist eine rationale und für alle vorteilhafte Wahl, denn alle streben nach reichhaltigeren und sinnvolleren Erfahrungen. Partizipation und suchendes Forschen sind zwei Begriffe, die vieles von unserer allgemeinen pädagogischen Theorie zusammenfassen können. Und sie umreißen die notwendigen Voraussetzungen, um eine kooperative Verständigung zwischen Eltern und pädagogischen Fachkräften zu verwirklichen - im Interesse einer pädagogischen Entwicklungsperspektive für Kinder.

Loris Malaguzzi
Reggio Emilia - Januar 1993

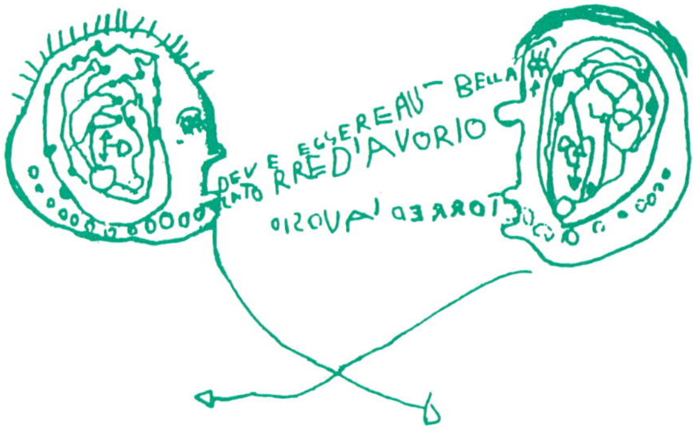

Una Carta per tre Diritti

I diritti dei bambini

I diritti dei bambini di essere riconosciuti soggetti di diritti individuali, giuridici, civili, sociali: portatori e costruttori di proprie culture e pertanto partecipanti attivi all'organizzazione delle loro identità, autonomie e competenze attraverso relazioni e interazioni con i coetanei, gli adulti, le idee, le cose, gli eventi veri e immaginari di mondi comunicanti.
Ciò, mentre sanziona premesse fondamentali per una più alta condizione di cittadinanza dell'individuo e dei suoi rapporti interumani, accredita ai bambini, e a ogni bambino, dotazioni e potenzialità native di straordinaria ricchezza, forza, creatività, che non possono essere misconosciute e deluse se non provocando sofferenze e impoverimenti spesso irreversibili.
Di qui il diritto dei bambini di realizzare ed espandere tutte le loro potenzialità valorizzando le capacità di socializzare, raccogliendo affetto e fiducia e appagando i loro bisogni e desideri di apprendere: tanto più se rassicurati da una efficace alleanza degli adulti pronti a prestiti e aiuti che privilegiano più che la trasmissione di saperi e abilità, la ricerca delle strategie costruttive del pensiero e dell'agire.
Quest'ultimo aspetto è ciò che concorre a formare intelligenze creative, saperi liberi e individualità riflessive e sensibili attraverso ininterrotti processi di differenziazioni e integrazioni con l'altro da sé e le altre culture.
Che i diritti dei bambini siano i diritti degli altri bambini è la dimensione di valore di una più compiuta umanità.

I diritti degli insegnanti

I diritti degli insegnanti e degli operatori di ogni scuola di contribuire all'elaborazione e all'approfondimento dei quadri concettuali che definiscono contenuti, finalità e pratiche dell'educazione, attraverso

confronti aperti fra loro, con i componenti del coordinamento pedagogico e dei consigli di gestione sociale, in sintonia coi diritti dei bambini e dei genitori. In questo modo concorrendo alle scelte dei metodi, delle didattiche, dei progetti di ricerca e osservazione, dei campi di esperienza, degli autoaggiornamenti ricognitivi e degli aggiornamenti professionali comuni, delle iniziative culturali, dei compiti della gestione sociale; e infine dei problemi connessi con l'organizzazione degli ambienti e del lavoro.
Questa rete collaborativa e di interazioni multiple che si affida al contributo delle idee e delle competenze di ognuno e di tutti, e sempre aperta all'aggiornamento e alla sperimentazione, è già la proposta di un modello di ricerca, di interazione educativa, di cultura e di vita.
Un modello che non solo rianima i ruoli della scuola e della famiglia ma rinnova e rafforza profondamente le forme sociali di costruzione e ricostruzione dei saperi, rappresentandosi ai bambini come qualcosa di molto vivo e stimolante, perfettamente integrabile coi bisogni e desideri del loro mondo relazionale e di appropriazioni conoscitive.
Da parte degli insegnanti, di ciascuno di loro, una condizione per esaltare il dialogo e il confronto delle idee e delle esperienze e arricchire gli strumenti di valutazione e giudizio professionali.

I diritti dei genitori

I diritti dei genitori di partecipare attivamente, e con libera adesione, ai principi statutari, alle esperienze di crescita, cura, formazione dei propri figli affidati all'istituzione pubblica.
Niente delega, niente estraneazione. Conferma invece di una presenza e di un ruolo dei genitori avvalorati dalla nostra lunga tradizione istituzionale.
Da una parte una forte, insistente sollecitazione della scuola che sa quanto può ricavare da una buona collaborazione delle famiglie per una maggiore sicurezza e serenità dei bambini e per l'avvio di una rete comunicativa che conduca ad una più vera e reciproca cono-

scenza e a una più proficua e condivisa ricerca delle modalità, dei contenuti e dei valori di una più efficace educazione.
Dall'altra parte genitori prevalentemente giovani, di diversa occupazione, maturità e cultura, e spesso di altra provenienza etnica, ma tutti in conflitto con l'esiguità dei temi disponibili, i costi della vita, la difficoltà dei loro compiti, le paure della solitudine, le inquietudini del futuro, e tutti con un gran bisogno e desiderio di contare, parlare, discutere e riflettere sui loro problemi, soprattutto sui temi di crescita ed educazione dei loro figli.
Se scuola e genitori convergono verso una cultura collaborativa e interattiva, che è una scelta razionale e vantaggiosa per tutti perché tutti inseguono esperienze più cariche di senso, allora si capisce quanto sia ostile e erronea la pedagogia dell'autosufficienza e della prescrizione e sia invece amica e feconda la pedagogia della partecipazione e della ricerca.
Partecipazione e ricerca sono in effetti due termini capaci di riassumere molto della concezione più generale della nostra teoria educativa, quanto di riassumere i requisiti migliori per avviare e sostenere la realizzazione dell'intesa cooperativa tra genitori e insegnanti coi valori che essa aggiunge alla prospettiva educativa dei bambini.

Loris Malaguzzi
Reggio Emilia - Gennaio 1993

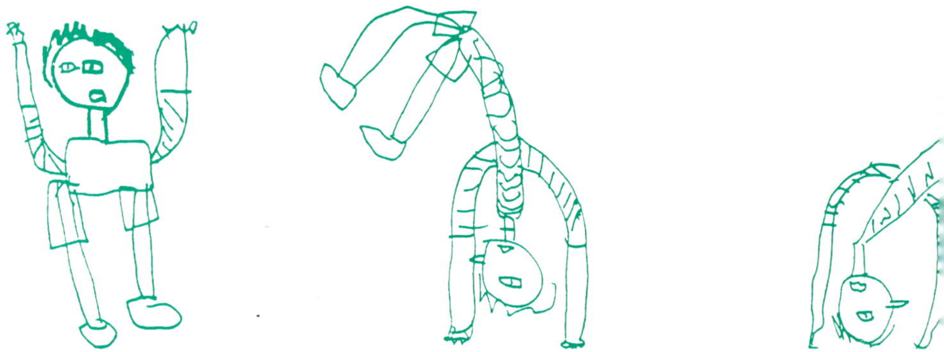